Je fabrique ma guitare

Les cahiers d'atelier de JCT

© 2022, Jean-Claude TARBY
Édition : BoD – Books on Demand,
12/14 rond-point des Champs-Élysées, 75008 Paris
Impression : BoD - Books on Demand, Norderstedt, Allemagne
ISBN: 9782322409877
Dépôt légal : Février 2022

Sommaire :

Préambule p 4

Etape 1 : Les préalables p 8

Etape 2 : Fabrication du manche p 11

Etape 3 : Fabrication des éclisses p 16

Etape 4 : Fabrication de la caisse de résonance p 23

Etape 5 : Fabrication des barrages p 27

Etape 6 : L'assemblage de la caisse de résonance p 30

Etape 7 : La pose des filets p 32

Etape 8 : L'assemblage caisse/manche p 34

Etape 9 : L'équipement musical p 36

Le temps des récompenses p 38

Bibliographie p 40

Préambule

Je ne suis pas luthier mais il se trouve que j'ai vécu une expérience et j'ai pensé que le fait de la relater pouvait intéresser certains lecteurs qui, comme moi , n'ont pas la formation requise mais souhaitent cependant se lancer dans cette aventure de fabrication.

Il s'agit d'un rêve qui se réalise.
Le projet a pris naissance dans ma tête en 2020 mais je n'y croyais pas vraiment.

J'ai cogité, étudié, consulté des ouvrages et des vidéos.
En juin 2021 j'ai décidé de m'y coller et en fabriquant les premières pièces je me suis
coupé le bout de l'index gauche.

Mon projet m'a semblé tué dans l'œuf et je voulais céder le bois que j'avais acheté à un ami luthier amateur.

J'ai réfléchi et j'ai pris la décision d'y aller quand même.
Je me suis imposé des règles de prudence en utilisant de préférence des outils à main plutôt que des machines.

La guitare que j'ai fabriquée a les épaules bien arrondies , rappelant ainsi les guitares manouches.

Les caractéristiques de cette guitare sont de deux ordres :

1 - Le côté artisanal : la seule machine utilisée a été la scie à chantourner qui est inoffensive avec ses petites lames.

Pour le reste, ciseaux à bois, rabots, scie à main, râpes, plane de Charron, wastringue, cutter, papier de verre et j'en passe…

La défonceuse est très souvent utilisée par les luthiers d'aujourd'hui, je l'ai laissée dans les rayons.

2 - La qualité des essences de bois : Ma guitare n'est pas destinée à la vente mais je voulais qu'elle soit d'un certain niveau et j'ai tapé dans les valeurs sûres pour la fabriquer :

* Le noyer pour le manche et les éclisses
* Le sipo (bois de côte d'ivoire) pour le placage de la tête de manche
* Le sapelli, bois africain utilisé en construction navale pour les contre éclisses
* L'épicéa pour la table d'harmonie
* Le merisier pour le fond
* Le palissandre pour la touche
* L'ébène pour les filets du pourtour.

Tout cela nous donne un beau panel de 7 bois précieux.

Quelle aventure magnifique ! Mon projet m'a permis d'expérimenter des techniques jusqu'alors inconnues, comme par exemple le cintrage du bois.
Je me suis entraîné sur des morceaux de cagette au début, puis la sculpture pour le manche où je me suis "fait la main" sur des bouts de bois récupérés.

Un tel projet demande de la rigueur, de la patience, du savoir faire, de la dextérité mais aussi et surtout de l'audace ! Si j'avais attendu d'être sûr de réussir pour me lancer je serais encore entrain de regretter de ne pas l'avoir fait.

Etape 1 : Les préalables

On ne peut se lancer du jour au lendemain dans la fabrication d'une guitare sans avoir réfléchi, étudié, planifié et préparé.

Avant de faire, il faut voir et rêver… Rêver oui c'est important, visualiser la forme de l'instrument, sa couleur, ses caractéristiques.
Pour cela on peut consulter des revues et des livres mais aussi des vidéos sur la toile.
Pour ma part, j'en ai visualisées plusieurs dizaines sans jamais me lasser.
En même temps, il faut réfléchir à un espace de travail et éventuellement l'aménager. Je n'aime pas trop l'ordre établi. Aussi, il m'est arrivé de travailler dans mon sous - sol, dans mon abri de jardin, en plein air, sur ma terrasse ou dans ma véranda selon la météo et mon humeur. A chacun de voir. Certains aiment ranger leurs outils toujours à la même place, faire le ménage sur le chantier tous les soirs, pas moi…

On peut bien sûr, au fur et à mesure de ses études, se constituer un dossier papier et informatique sur tout ou partie de la fabrication.
On peut dessiner un plan, en trouver un clé en main sur la toile ou copier un modèle de guitare existant. Je possède déjà plusieurs guitares, ce qui m'a permis de m'inspirer de l'une pour la tête de manche, et de l'autre pour la forme de la caisse.

Quoi qu'il en soit, il faut d'ores et déjà réfléchir pour choisir la forme de la caisse. Les dimensions sont assez standard mais les formes sont variées selon que l'on fabrique une guitare classique ou une folk. Je me suis personnellement inspiré du modèle du célèbre luthier espagnol Antonio DE TORRES qui imposa son style au 19 e siècle. On peut dire que ma guitare est de type espagnol pour ce qui est de la forme.
Je ne suis pas fan des pans coupés que l'on trouve sur les guitares modernes, surtout sur les folk, c'est fastidieux et pas des plus esthétiques. Cela intéresse surtout les virtuoses qui cherchent à atteindre les cases les plus aiguës sur le manche.

Une guitare classique sera en principe équipée de cordes nylons et une guitare FOLK de cordes acier. Il est important d'intégrer ce principe parce qu'il implique que le procédé de fabrication ne sera pas le même notamment au niveau de la conception et de l'installation du barrage. Nous en reparlerons.
Il faudra également réfléchir au type de liaison manche / caisse qui constitue une étape clef. Regardons les vidéos, changeons d'avis si nécessaire mais prenons le temps.

Les travaux préparatoires :

- Etablir le plan et faire un gabarit en contreplaqué qui servira de guide.
- Fabriquer un moule à éclisse.
- Fabriquer ou se procurer un fer à cintrer.
- S'entraîner à la technique du cintrage.
- S'entraîner à fabriquer un manche avec des bouts de bois sans valeur.

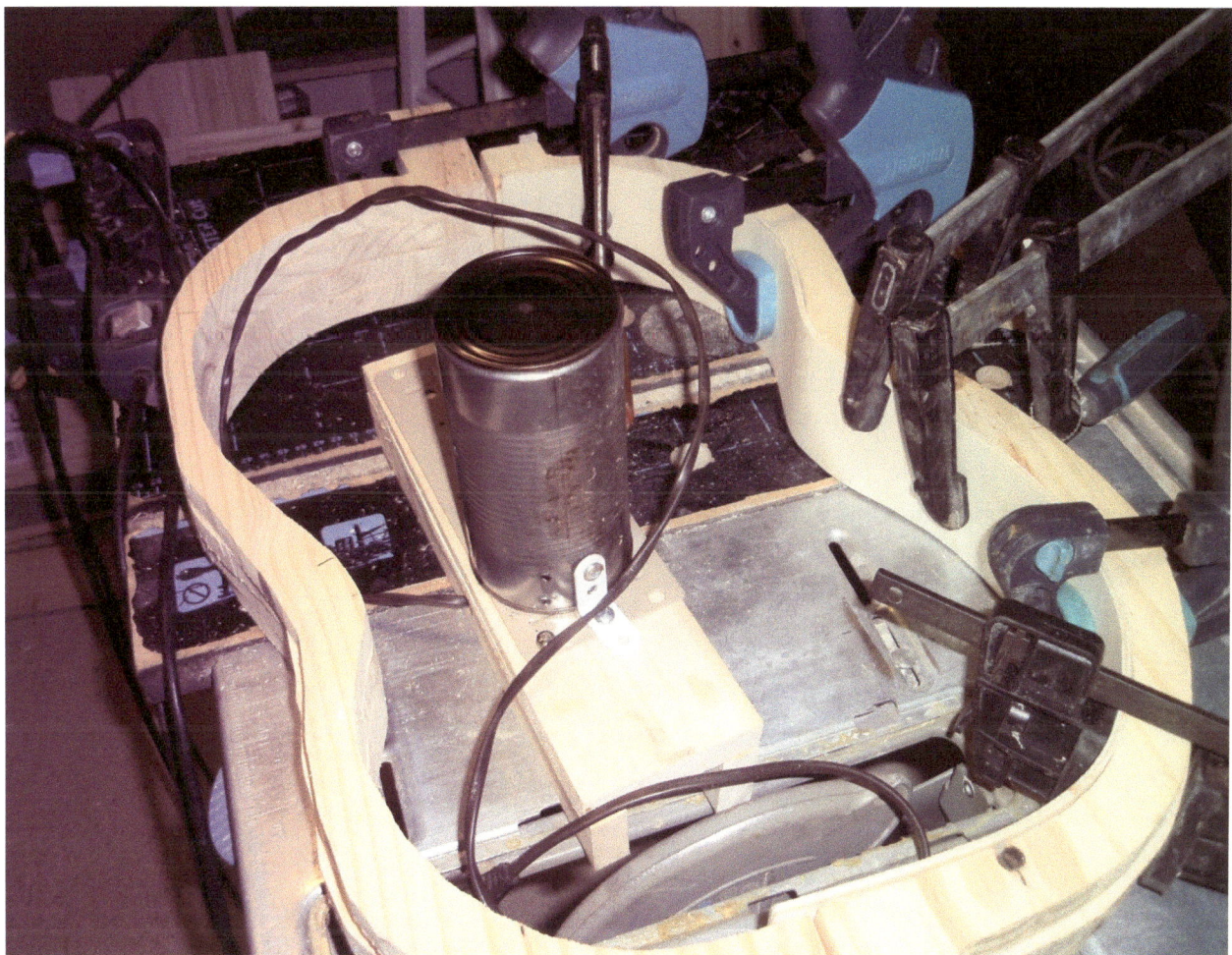

Au centre, on aperçoit le fer à cintrer.

Pour ma part, j'ai fabriqué ce que j'appelle une guitare témoin dans du contreplaqué de 3 millimètres ce qui m'a permis de repérer les difficultés et de formaliser des modes opératoires.

Choisir les essences de bois et acheter ses planches dans une scierie spécialisée dans le bois de lutherie si possible. Les choix sont guidés par les goûts et le budget. Il n'est pas utile d'acheter de suite les mécaniques, les cordes et le chevalet.

Il faut également établir un plan B. Tout peut arriver, y compris le pire dans la fabrication d'une guitare. Que faire si je bousille ma table d'harmonie, si je casse les éclisses, si je rate le manche… ? C'est important.

Se munir des outils nécessaires : crayons, mètre, règle, équerre, rapporteur, perceuse, défonceuse, ponceuse, scie à ruban, scie à chantourner, scie à dos, ciseaux à bois, cutter, rabots.

Fabriquer un moule à éclisse.

Ce moule nous sera très utile pour mettre en forme les éclisses mais pas seulement. On l'utilisera aussi pour la fabrication et l'assemblage de la guitare. Il doit être la copie conforme du plan et du gabarit.

Pour ce faire, on utilisera du contreplaqué ou du MDF, d'une épaisseur comprise entre 15 et 19 mm. Il faut donc tracer le modèle du gabarit de la guitare avec précision sur notre planche. On pourra ensuite superposer plusieurs couches de manière à obtenir la hauteur des futures éclisses. On utilisera une scie sauteuse, une scie à ruban ou une scie à chantourner. Il faudra ensuite affiner la coupe à la râpe.

La façon de procéder consiste à fabriquer deux demi - moules que l'on assemblera ensuite avec des boulons. Pour ma part, je préfère utiliser des serre joints.
Il va de soi qu'il importe d'apporter à cette opération le soin qu'elle mérite, puisqu'il s'agit de la forme exacte, du contour de la future guitare.

La guitare témoin, ou plutôt ce qu'il en reste.
L'hiver se fait rude et ma cheminée est gourmande...

Fabrication du fer à cintrer :

Celui que j'ai fabriqué apparaît à l'intérieur du moule à éclisses.
Un fer à cintrer dans le commerce représente un coût d'au moins une centaine d'euros. Cela vaut donc la peine de s'y coller, d'autant que cela n'est pas très difficile.
Il faut donc se procurer :

- Une boite de conserve
- Un câble électrique et une prise
- Un interrupteur
- Une petite planchette
- Des équerres pour fabriquer le support.
- Une plaque en acier.

1 - A l'aide de la planchette fabriquer le socle et fixer sur celui-ci une plaque en acier.
Le support est constitué d'une planche rectangulaire vissée sur deux tasseaux.

2 - Fixer le support pour l'ampoule halogène.

3 - Brancher le câble électrique à l'aide d'un domino de raccordement.

4 - Fixer la boite de conserve à l'aide de deux équerres.

Les plus exigeants pourront installer un thermostat s'ils le souhaitent.

Point de vigilance : la plaque d'acier est indispensable. Ne faites pas comme moi. J'ai cru que je pouvais m'en passer. Résultat : au bout de quelques minutes d'utilisation, il y avait le feu dans l'appareil ! Eh oui ! Le bois ça brûle si on le chauffe ! Cela m'a permis de rire de mon énorme bourde.

Le bois brut pour fabriquer la guitare

Au premier plan, la planche à éclisses en noyer, ensuite le manche en noyer également, au 3ᵉ niveau les planches de la table d'harmonie en épicéa, et enfin près de la fenêtre, les planches du fond en merisier, en forme de trapèze.

Cet ensemble représente un coût global de 150 euros. Une guitare en bois massif nécessite un certain budget.

Eh bien mes amis, à ce stade, on a déjà beaucoup réfléchi et beaucoup travaillé mais on en est encore au point zéro dans la fabrication de la guitare ! Il va falloir s'y mettre...

Etape 2 : Fabrication du manche de guitare :

Un manche se compose de 3 partie distinctes :

- La tête de manche qui accueillera les mécaniques.
- Le corps du manche qu'il faudra sculpter.
- Le talon du manche

Il faut faire un choix entre une tête de manche pleine ou ajourée.

En principe, les guitares classiques ont une tête ajourée et les guitares folk une tête pleine mais ce n'est pas une loi intangible. Il faudra choisir le type de mécaniques correspondant.

A ce stade, il importe également de réfléchir au système de liaison entre la caisse et le manche : liaison à l'espagnole ou tenon mortaise car on devra tenir compte de ce choix pour la fabrication de la queue de manche et du talon.

Dessiner la tête de manche choisie.

Il existe en effet plusieurs modèles de tête de manche. Ils correspondent généralement à la signature de la marque de la guitare (Fender, Gibson …) Il n'y a que l'embarras du choix. Tout est permis ou presque : des figures les plus simples aux plus élaborées. Le copiage est autorisé mais l'innovation l'est également. L'ouvrage d'Emmanuel BIGHELLI « Paroles et guitares de luthiers » présente des dizaines de modèles. La tête de manche est également l'occasion pour le luthier d'y apposer sa griffe ses initiales ou son nom.
Pour ma part, j'ai repris le modèle WS frappée du logo JCT.

Réaliser un gabarit du manche avec une plaque de contreplaqué mince : 5 mm

Choisir une essence de bois : érable, noyer, hêtre…

Débiter la planche brute aux dimensions suivantes : 60 cm x 8 cm épaisseur 2,2 cm.

Tracer le dessin du manche à l'aide du gabarit.

Etape importante et délicate : l'angle de renversement de la tête de manche.

Pour assurer une tension correcte des cordes, il est nécessaire de créer un angle de renversement de la tête de manche vers l'arrière.

Préparer le trait de coupe de renversement du manche. Il est situé à 20 cm du haut de la tête de manche. Son angle est de 14 degrés il se trace de la gauche vers la droite et du haut vers le bas de la tranche.

Tout le monde n'a pas la chance d'avoir une scie à ruban.

Mettre le manche dans un étau en laissant largement dépasser le trait de coupe. Couper l'angle avec une scie à dos ou une scie à onglets rigide, en prenant soin de ne pas déraper pendant la coupe. Mettre le manche entre les mâchoires de l'établi. Effectuer le collage. Attention au sens !

Attention au risque de glissement des pièces lors du collage.

Réaliser la sculpture du manche à la râpe et à la wastringue ou à la plane de CHARON.
Il existe différentes techniques de sculpture du manche. Je travaille de façon empirique jusqu'à obtenir la forme désirée. Il existe 3 types de profils en C en D et en V. Le D a ma préférence et j'aime avoir « un manche de bûcheron » pour bien le sentir.

Il faut savoir aussi que le manche est moins épais du côté de la tête que du talon.

Poncer le manche, faire la chasse aux défauts remettre 100 fois sur l'établi le manche.

C'est le bazar dans mon atelier et alors ? !

Points de vigilance :

- Précision dans les mesures

- Précision du traçage du trait de coupe pour ne pas se retrouver avec un manche trop court à la tête ou au talon, ou un manche trop étroit pour accueillir la touche. Ne riez pas cela peut arriver !

- Qualité du collage : frotter les deux pièces l'une contre l'autre pour éliminer les bulles d'air avant de coller.

- Lors du serrage, attention au glissement. On peut aussi utiliser un grand serre joint comme je l'ai fait.

- **Réaliser le talon du manche.**

    - Adopter une forme donnée pour le talon et en dessiner une coupe.

    - Dans la même planche que celle du manche découper 2 morceaux qui prennent en compte la profondeur du tenon et la partie visible du talon du manche.

- Donner à chaque morceau la forme désirée à la râpe et poncer au papier de verre.

- Assembler les morceaux et les coller sur le manche.

- Parfaire la forme définitive du talon.

- Recommencer si nécessaire, il ne faut que peu de bois.

La fabrication du manche représente beaucoup de travail mais c'est aussi une pièce passionnante à réaliser et l'occasion de se faire la main avec les outils des luthiers d'autre fois. Le ciseau à bois encore très utilisé de nos jours, la wastringue ou la plane de CHARRON et la râpe.

Un beau manche est également très valorisant pour le luthier. J'ai été satisfait du mien, à ma grande surprise.

Le noyer présente l'avantage d'avoir un bon coefficient de dureté et de ne pas alourdir la guitare. Le poids d'une guitare constitue un élément à ne pas négliger et l'alchimie entre solidité et légèreté ne va pas de soi.

Etape 3 : Fabrication des éclisses

Les éclisses sont vendues en larges bandes. Il convient donc de les mettre à épaisseur, de les découper et de les cintrer. Un travail délicat mais intéressant.

L'essence de bois idéale est sans doute le noyer. Je le trouve très docile. Je me souviens avoir fait des tentatives sur du peuplier et les fibres avaient davantage tendance à se rompre. Bien sûr, plus l'éclisse est mince, plus elle sera facile à cintrer. Toutefois, il faut éviter de descendre en dessous de 2,7 mm.

Mise à épaisseur :

L'idéal pour cela est d'avoir une calibreuse ou un copain qui accepte de vous le faire.. Sinon, il faut s'y coller à la ponceuse au rabot ou à la défonceuse avec une structure en forme de traîneau pour promener la défonceuse et une fraise à surfacer.

Découpe des éclisses :

On trace la forme des éclisses soit de manière directe, soit avec un gabarit préparé d'avance. L'éclisse est plus large côté talon que côté manche d'environ un cm.
Il faudra donc toujours faire attention au sens dans lequel on travaille surtout lors du cintrage. Le traçage est droit côté table et en biais côté fond.

Pour la longueur, on mesure le pourtour d'une demi guitare et on ajoute une marge sécurité de 7 à 10 cm à recouper ensuite. La largeur de l'éclisse dépend de l'épaisseur souhaitée pour la caisse de résonance dans une fourchette de 8 à à 11 cm (mesures constatées sur mes guitares) .

Il faut ensuite couper la planche selon le tracé, dans l'idéal avec une scie à ruban. La scie sauteuse ou la scie à chantourner sont totalement inopérantes pour cette tâche. J'ai utilisé pour ma part une scie manuelle à dos renforcé et cela fonctionne très bien.
Peut être faut - il donner un petit coup de rabot pour obtenir l'égalité parfaite entre les deux éclisses. La première, une fois coupée, peut servir de gabarit pour la seconde mais attention, si elle est fausse, on persévère dans l'erreur, ce qui est diabolique comme le disent les hommes d'église...

Avec le temps, l'éclisse prendra la forme du moule

Cintrage :

Nous y voilà. Il faut d'abord bien imprégner l'éclisse d'eau dans un récipient, un morceau de chéneau ou mieux encore, la piscine en dépit des protestations de Madame !

Pendant ce temps, préparer l'espace de travail. Il faut avoir le moule à éclisse à portée de main, une ribambelle de serre joints, une table ou un établi pour déposer l'ouvrage et aussi un vieux gant de toilette à sacrifier.

1 - Brancher le fer à cintrer.

2 - Après une courte période de chauffe, présenter l'éclisse sur laquelle on aura préalablement marqué les zones de pliages. On aura pris soin de placer le gant de toilette dégoulinant d'eau sur le fer à cintrer.

Il faut commencer par chauffer doucement le bois en le déplaçant contre le fer, sans cintrer, pour le préparer. Pour cette étape, il faut faire montre de patience et de délicatesse, ne pas y aller au forceps « à la ZEMMOUR » dirais - je si je voulais ironiser. Une règle d'or : ne pas rester figé à la même place, sinon votre bois va brûler.

3 - Petit à petit, amorcer le pliage lentement. Il faut « sentir le bois » sans forcer. Il faut compter 4 à 5 phases successives pour un bon cintrage. Entre chacune des phases, on remettra l'éclisse à l'eau.

On procédera dans l'ordre suivant : d'abord la taille de l'éclisse au centre, ensuite le grand lobe et enfin le petit lobe. **Attention au sens de l'éclisse ! Le trait du haut est à 180 degrés. Le trait du bas est coupé en biais avec la partie arrière plus large de 1 cm.**

4 - Lorsque le cintrage semble satisfaisant, présenter l'éclisse sur le moule à cintrer.
Si manifestement cela ne passe pas, remettre à l'eau le poisson et re cintrer.

5 - Installer les serre joints pour obliger l'éclisse à épouser la forme du moule et laisser le tout sécher pendant plusieurs jours ! Dès que l'on aperçoit un écart entre l'éclisse et le moule, cela signifie qu'il faut ajouter un serre joint.

Ouf, c'est fini ! On peut aller boire un coup.

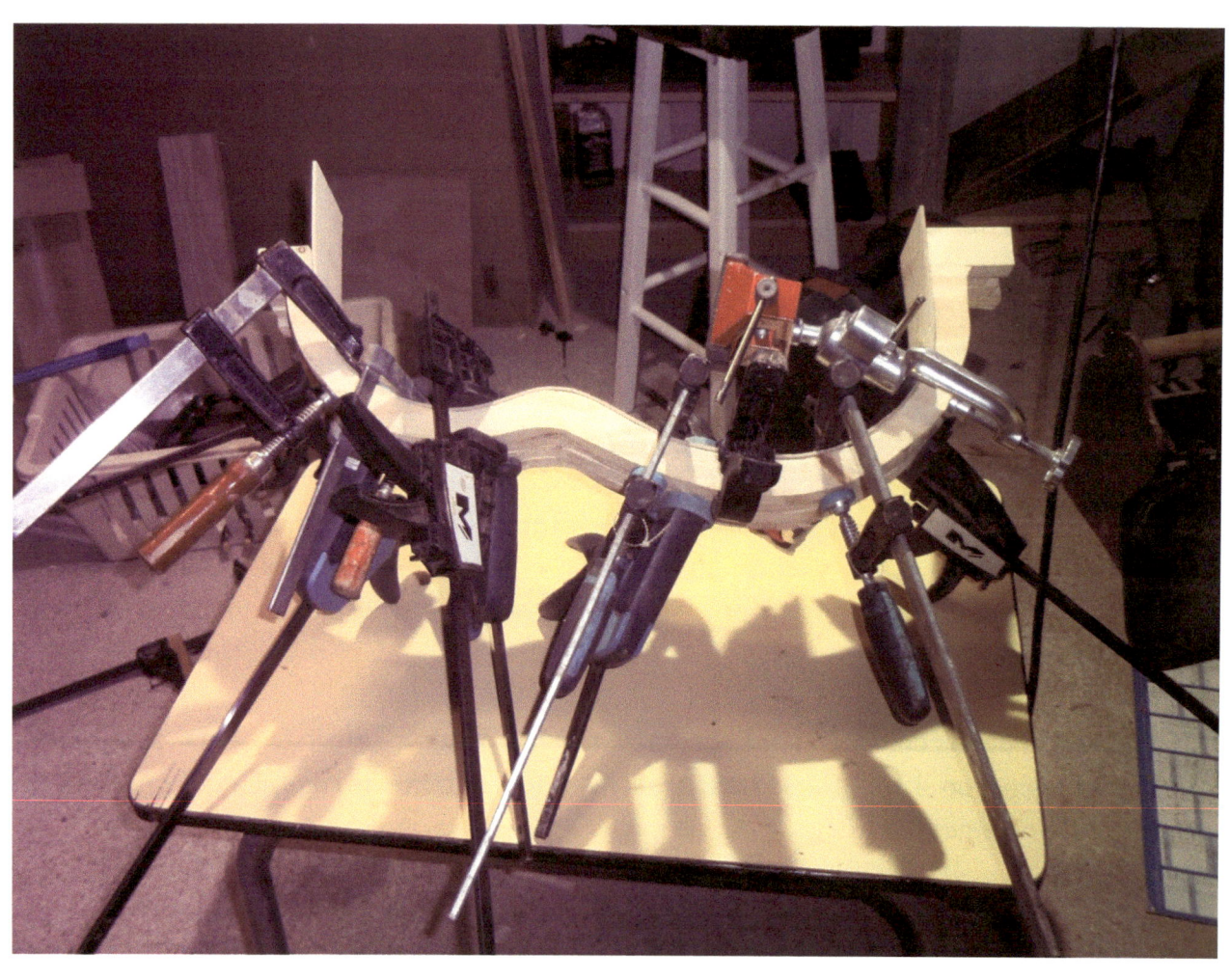

Assemblage de la ceinture d'éclisse :

Pour ce faire, il faut préalablement fabriquer les contre talons avant et arrière. Ce sont des sortes de cubes qui vont constituer des éléments structurants dans le collage de la table d'harmonie et du fond en termes de solidité et de collage.

On peut les fabriquer dans la même pièce de bois que celle qui a servi à fabriquer le manche, les marchands de bois prévoient cette marge supplémentaire.

Il faut ensuite procéder à l'assemblage des éclisses avec la colle, le moule et des serre joints.
Attention au sens, il y a une éclisse gauche qui regarde l'éclisse droite.
Autre rappel : une éclisse comprend un trait de coupe droit et un trait de coupe en biais. L'éclisse est plus large côté arrière que côté manche.

Prendre son temps pour faire l'assemblage et attention aux glissements.

Ne vous fatiguez pas il y en a 14 !

On aperçoit bien les contre talons ou blocs de renforts en avant et en arrière de la ceinture. Le bloc avant est plus épais pour mieux assurer la liaison manche / caisse. Laisser sécher plusieurs jours.

Etape 4 : Fabrication de la caisse de résonance.

On distingue facilement deux grandes parties dans une guitare : la caisse et le manche qu'il va falloir réunir.

La caisse, avec l'aide du manche, du chevalet et des cordes, va produire le son qui s'échappera par la rosace.

La question du départ est : vais-je fabriquer une caisse plane ou une caisse bombée ? Les pros disent que le rendu est meilleur avec une caisse bombée, notamment pour une guitare folk. Trop compliqué pour moi, j'ai choisi une caisse plane.
Cette caisse de résonance est constituée par deux faces principales :
- La table d'harmonie
- Le fonds ou le dos comme le nomment certains luthiers.

Table et fond seront réunis solidairement par une ceinture d'éclisses dont nous avons parlé. En présentant les choses ainsi, on imagine assez bien quelles seront les principales phases de la fabrication de la caisse.

Nous avons déjà fabriqué la ceinture d'éclisses. Il nous reste donc à nous pencher sur la table d'harmonie et le fond.

Fabrication de la table d'harmonie :

C'est une pièce maîtresse de la guitare. C'est également la plus chère et enfin c'est aussi la plus fragile.

Phase 1 : choix de l'essence de bois :

Parlons tout d'abord « essences de bois ». Les guitares d'étude, vendues très bon marché, parfois moins de 100 euros, ont des tables en contre plaqué. Pourquoi pas si l'on fabrique sa première guitare ? J'ai moi - même fabriqué un prototype et je me suis arrêté à la phase lutherie, je n'ai pas équipé musicalement la guitare. Je conseille cette pratique qui consiste à se faire la main pour ne pas être ensuite en terre inconnue, lors de la fabrication de la « vraie guitare ».

Pour ce qui est du choix du bois, il n'y a pas photo à mon sens. Habitant en Franche-comté je ne vais pas acheter du cèdre de Californie ou autre bois exotique. Mon choix s'est donc porté tout naturellement vers l'épicéa de mon pays.

Phase 2 : Mise à épaisseur de la table :

Il faut maintenant parler de l'épaisseur de la table qui ne devra pas dépasser 3 mm. Les marchands de bois vous la livrent à 5 mm. Ensuite chacun se débrouille pour la mise à l'épaisseur, au rabot, à la défonceuse ou à la calibreuse. J'ai demandé à un ami de le faire. Certains luthiers relèvent des cottes différentes : plus minces au bord de la guitare et plus épaisses vers le centre.

Phase 3 : Assemblage des planches de la table :

Une guitare mesure près de 40 cm aux hanches. Il existe peu d'épicéas d'un tel diamètre. C'est pourquoi le marchand de bois vous donne 2 planches de 25 cm environ.
Il va falloir assembler ces planches sur chant ce qui n'est pas une mince affaire et constitue la première grande difficulté.

Pour commencer il faut que les chants des deux planches soient parfaitement rabotés.
Pour s'en assurer, mettre les planches à la lumière et vérifier qu'il n'y a pas de jour, d'interstice entre les planches. Même si la colle fait office de joint, il faut éviter tout point de fragilité.

Phase 4 : Collage des planches :

Procédons ensuite au collage. Pour ma part, j'ai fabriqué des structures en bois qui permettent de poser les planches et de les serrer l'une contre l'autre avec des serre joints. La difficulté c'est d'assurer un serrage régulier sur toute la surface.

Si le travail est bien fait, on distingue mal la liaison entre les planches qu'il faudra marquer au crayon de bois car il s'agit de l'axe de symétrie de la guitare. Attention, trop de colle tue la colle. Le temps de séchage pour moi est d'environ 24 heures. Il faut être également attentif à l'hygrométrie et au lieu de collage. L'humidité de l'air doit être proche de 50 %. Si tel n'est pas le cas, notamment si elle se situe en dessous, il vaut mieux attendre et ne pas coller, si on ne veut pas risquer une déformation voire même une fissure.

Le support de collage

Le séchage terminé, il convient de retirer les traces de colle au grattoir ou au ciseau à bois. Il faut procéder avec précaution, une incision est vite faite et un accroc dans la table d'harmonie serait dommageable. Par ailleurs, il faut savoir que notre guitare doit être aussi belle à l'intérieur qu'à l'extérieur.

Phase 5 : Découpage de la table :

Il faut cependant tracer le contour de la future guitare et donc choisir la face qui sera visible en la marquant d'une croix. Le contour sera fidèle aux dimensions de la ceinture d'éclisses, mais en y ajoutant une marge de sécurité de 5 à 7 mm.

On tracera donc les deux contours et on découpera la table sur le trait extérieur, à l'aide d'une scie à chantourner ou à défaut, une scie sauteuse. La précision n'est pas de mise puisque la table sera de toute façon retravaillée.

La rosace a été tracée soigneusement en respectant la hauteur et l'axe de symétrie.

Règle d'or : « quiconque rit au traçage, pleure à l'assemblage. » Il faut donc que la rosace soit parfaitement centrée. Pour le découpage un trou à la perceuse et ensuite, la scie à chantourner ou une scie cloche ou encore une défonceuse. La finition à la râpe et au papier de verre.

On procédera de la même façon pour fabriquer le fond.

Installation des contre éclisses :

Les contre éclisses sont destinées à augmenter la surface de collage de la table et du fond. A mon avis, la pince à linge utilisée par certains ne serre pas suffisamment.

Etape 5 : Les barrages :

Lorsque je me suis penché sur la fabrication de ma guitare, je pensais naïvement qu'il s'agissait seulement de simples accessoires de renforts.

Mon ami Hubert, qui a déjà fabriqué plusieurs guitares, m'a conseillé de m'y intéresser de plus près. Je l'ai fait et bien m'en a pris. J'ai beaucoup cogité sur la question et je ne suis pas sûr d'en avoir fait le tour. Je conseille fortement la lecture de la brochure élaborée par Daniel FRIEDRICH, luthier français, « les tables d'harmonie et leurs barrages ».

En fait, il s'avère que les barrages ont quelque chose de magique dans la réalisation d'une guitare. Ils ont une incidence importante sur la structure, la stabilité de l'instrument mais aussi et surtout sur le son.

La guitare sonnera – t - elle bien ? Bien sonner cela veut dire que l'on entend ! Cela peut sembler stupide mais la puissance sonore est un élément déterminant, sauf si l'on décide de l'amplifier. Un autre élément est déterminant : le sustain. Combien de temps tiendra la note après l'avoir frappée ? Quelle sera la pureté du son ?
Selon le style de musique du guitariste, comment faut - il concevoir les barrages ?

D'une manière générale, le rôle principal des barrages consiste à permettre à la fois une certaine rigidité longitudinale et une souplesse transversale de la table d'harmonie.
On pourrait se dire que point n'est besoin de mettre des barrages. Il suffirait alors de faire une table de 5 mm d'épaisseur et le tour serait joué... Il n'en est rien. Nous aurions alors un instrument de faible puissance et un pauvre son. A l'inverse, faire une table de faible épaisseur sans barrage, serait plus facile en effet. Mais à coup sûr, la table nous exploserait à la figure au moment de tendre les cordes. La conception et l'installation des barrages constituent donc une recherche entre souplesse et solidité de la table d'harmonie. Il en va de même pour le fond de la guitare, même si le problème se pose avec moins d'acuité.

Passons maintenant à un aspect plus technique. Il existe deux types principaux de barrages. Le barrage en X préconisé pour les guitares folks, soumises à forte tension par les cordes acier et le barrage en éventail pour les classiques.

Il existe plusieurs façons de concevoir la fabrication et la pose des barrages en fonction de ce que le guitariste recherche dans l'équilibre des cordes graves et des aiguës. Plus on allégera le barrage, plus la corde sonnera en puissance.

Pour ma part, j'utilise une guitare pour m'accompagner au chant. J'aime bien faire sonner les graves pour mieux rythmer les chansons, d'autant que je ne suis pas un virtuose en matière de pulsation.

J'ai donc conçu et installé mes barrages en fonction de ce critère et je suis assez satisfait du résultat. Ma guitare a la pêche, elle sonne juste, je l'ai comparée aux 3 autres que je possède et elle tient sa place. J'ai mis mon dévolu sur un barrage à 5 branches en éventail, inspiré par le célèbre luthier Robert BOUCHET.

J'ai installé également un renfort de rosace et une barre transversale juste au dessus. Un renfort de chevalet est également souhaitable.

Mon principal problème a été le fait que je n'aie pas de ciel d'ébéniste pour installer l'ensemble des barrages d'une seule traite. J'ai procédé pièce par pièce avec des serre joints. Le plaisir est de travailler les nervures au ciseau à bois après collage. Sur ce point, je pourrais encore gagner en précision.

Pour le barrage du fond, 3 barres transversales suffisent avec un renfort de faible épaisseur sur le joint entre le talon et la rosace.

Un éventail à 5 brins un renfort de rosace et une barre transversale pour renforcer cette table. Viendra ensuite la barre de renfort du chevalet.

Etape 6: L'assemblage de la caisse de résonance :

On ne rigole plus maintenant ! Il est temps de solidariser tous les éléments de la caisse de résonance : Eclisses, table et fond.

Cette opération n'est pas très compliquée si l'on maîtrise bien la technique du collage.
En l'occurrence, il n'y a pas 50 solutions : des serre joints et des serre joints.
On peut les fabriquer avec deux rondelles de bois et une tige filetée mais je trouve que ce type de serre joint manque de puissance. J'ai fini par en acheter.

On va donc procéder de la manière suivante :

1 - Déposer la ceinture d'éclisses dans le moule.

2 - Installer les contre éclisses avec des petites pinces (voir schéma).

3 - Placer le fond de la guitare bien ajusté.

4 - Induire de colle le fond et les contre éclisses qui ont été préalablement installées. J'ai installé des contre éclisses achetées clefs en main. On peut les fabriquer mais c'est fastidieux.

5 - Disposer soigneusement les serre joints tout autour de l'assemblage. Point n'est besoin de serrer comme une bête, sinon on risque le glissement et la déformation. C'est surtout l' homogénéité du collage qu'il faut rechercher.

La procédure à appliquer sera la même pour coller la table d'harmonie mais si l'on a choisi la technique du manche traversant il faudra coller le manche avant de fermer la caisse !

L'intérieur de la guitare doit être soigné. Certains luthiers vont jusqu'à la vernir. J'ai également installé des renforts d'éclisses de faible épaisseur qui protègent les éclisses des fissures sans augmenter de manière significative le poids de l'instrument.

Avant de fermer la caisse, j'ai aussi collé l'étiquette avec le nom du luthier et la date, visible depuis la rosace.

Une fois la caisse collée, on arase table et fond avec un outil à main.

Etape 7 : la pose des filets sur la caisse.

Cette étape a été pour moi source de beaucoup de préoccupations.

J'ai voulu sous - traiter cette étape à un luthier professionnel. Il m'a dissuadé quand il m'a annoncé son prix : 450 euros ! Cela calme en effet.

Les filets sont des bandes décoratives à installer autour de la guitare côté fond et côté table. Ils remplissent ainsi une fonction au niveau de l'esthétique mais pas que…

Ils permettent d'éviter de faire des marques sur la guitare en cas de petits chocs et l'entrée de l'humidité dans la caisse. Il ne faut donc pas les négliger. Lorsque j'étais très jeune dans les années 70, j'avais gagné une guitare en contre plaqué sur une fête foraine. Elle n'avait pas de filet et je n'étais pas très soigneux. Elle me suivait dans toutes mes soirées avec les copines et les copains. Parfois le lendemain, je ne savais plus où je l'avais laissée, mais elle a survécu malgré quelques ébréchures.

Bon, venons en au mode opératoire. La difficulté n'est pas le collage mais la préparation du dos et de la table d'harmonie. Il faut réaliser des rainures destinées à accueillir les filets. Le risque ? Un dérapage de l'outil qui fera des marques indélébiles sur la caisse ! Imaginez l'angoisse.

La plupart des manuels de fabrication préconisent l'utilisation d'une affleureuse. Je n'ai pas cette machine. Je possède une défonceuse qui aurait pu éventuellement faire l'affaire, mais je n'ai pas osé. La peur au ventre, j'ai pris mon cutter pour marque le pourtour de la rainure le le ciseau à bois pour l'évider.

Je ne dis pas que mon travail est d'une grande précision, mais c'est acceptable…
Il faut dire aussi que j'ai fait au plus simple, au plus sobre. Un seul filet autour de la table et un autre sur le dos alors que les pros parlent de filets et de contre filets…
Pour le collage, on dépose de la colle sur la caisse et les filets au pinceau et ensuite on solidarise le tout avec du bon scotch large… Eh bien vous voyez qu'on y arrive !

Point de vigilance : l'affûtage du ciseau à bois et une lame neuve pour le cutter

Pas si mal les filets !

Etape 8 : L'assemblage caisse / manche

L'heure est venue de s'attaquer à une étape clef : la liaison entre le manche et la caisse.

Ayant opté pour un assemblage à queue droite, j'ai beaucoup hésité sur les outils à utiliser : ciseau à bois ou défonceuse. La technique de l'assemblage tenon / mortaise requiert du soin et de la précision. Le tenon doit entrer dans la mortaise en forçant légèrement et sans jeu si l'on veut obtenir un assemblage solide et précis.

Si le tenon bouge dans la mortaise, la colle ne résoudra pas le problème et il y aura un point de fragilité et un risque de déformation, voire d'arrachement du manche.

A l'inverse, si la mortaise est trop étroite par rapport au tenon, ne cédons pas à la tentation de passer en force ! Le risque en procédant ainsi est de faire éclater la caisse ! De nombreuses heures de travail perdues et une table d'harmonie à retrouver, sauf à se lancer dans la restauration de l'ancienne mais il vaut mieux prendre son temps et remettre cent fois sur le métier l'ouvrage. Je n'ai pas voulu utiliser la défonceuse de peur d'abîmer ma caisse.

Avec patience j'ai donc creusé la mortaise dans la caisse après l'avoir dessinée à l'aide du tenon. Cela m'a pris un après midi entier mais j'y suis arrivé et l'assemblage tient bon.

J'ai eu la désagréable surprise de voir mes filets se décoller, ce qui me fait dire qu'il aurait fallu faire l'assemblage avant de poser les filets.

On aperçoit un léger accroc sur la table d'harmonie. Pas de souci, il sera masqué par la touche.

Etape 9 : L'équipement musical

La partie purement lutherie est terminée. J'ai renoncé à fabriquer moi – même le chevalet et la touche. Ces accessoires ne sont pas très onéreux et me lancer dans la fabrication m'a semblé trop risqué au regard de la précision qu'ils demandent. A quoi bon autant d'efforts pour finir avec une guitare qui sonne faux !

Installation de la touche et du chevalet

La touche me plaît beaucoup et donne à la guitare un cachet très attrayant. Elle est en palissandre. Il faut de la précision pour le collage sur le manche et sur la caisse. Le positionnement de la touche doit être cohérent avec celui du chevalet.

1 – Installer la touche provisoirement avec du double face.

2 – Installer le chevalet. Monter la corde du mi grave et du mi aigu à chaque extrémité du chevalet pour vérifier l'alignement parfait touche / chevalet.
Par ailleurs, il faut redoubler de vigilance sur la longueur du diapason. Celle – ci se mesure entre le sillet de tête collé sur le manche et le sillet du chevalet. Sur la guitare que j'ai fabriquée, elle est de 645 mm.

J'ai frôlé la catastrophe sur cette étape. Une chose est certaine, je n'avais pas assez réfléchi à la manière de procéder et ce manque d'anticipation a occasionné de gros soucis.

Pour commencer, je me suis aperçu que mon chevalet était convexe. J'ai eu beau le mettre dans un étau, je n'ai pas pu le redresser complètement. J'aurais mieux fait de le mettre dans la cheminée et d'en acheter un autre, j'ai cru mourir au moment du collage. Je pensais m'en sortir avec des serre joints et des cales mais rien n'a marché. J'aurais dû attendre et me renseigner, mais j'avais soif de voir et d'entendre la guitare terminée .

En voulant mettre en place mon dispositif de collage, j'ai entendu un bruit effrayant.
La table est très légèrement marquée juste à côté de la rosace mais la guitare ne semble pas en souffrir musicalement.

En désespoir de cause, j'ai déposé plusieurs livres sur le chevalet pendant plusieurs heures. Le procédé n'est pas des plus académiques. Cela semble avoir fonctionné.

Etape 9 : L'installation des mécaniques et des cordes :

Les mécaniques sont spécifiques selon la tête de manche : tête pleine ou ajourée.

Il faut éviter de choisir des mécaniques de bas de gamme dans le but de garantir le look de la guitare et son bon fonctionnement.
Attention, les mécaniques ont un sens de pause qu'il faut préalablement étudier.

Les cordes sont d'abord attachées au chevalet et ensuite aux mécaniques. Attention au sens de rotation des mécaniques jamais vers le centre de la guitare mais toujours vers l'extérieur, ce qui signifie une inversion entre les 3 cordes graves et les 3 aiguës.

Réglage de la hauteur des cordes

Cette opération est également délicate. Si les cordes sont trop éloignées de la touche , il sera difficile de jouer. A l'inverse, si elles sont trop proches de la frette, la guitare va « friser » ce qui est très désagréable.

Des encoches peuvent être faites dans le sillet du chevalet. Pour ce qui est de la hauteur des cordes, il faut tabler sur une cotte à 2 mm sur la première case et 4 mm sur la case 12. Chacun peut le vérifier sur les guitares existantes.

L'accordage :

Lorsque l'on installe les premières cordes sur une guitare, celles - ci se désaccordent en moins de deux, ce qui est tout à fait normal, mais les choses doivent rentrer dans l'ordre au bout de 3 à 4 jours.

Sauf si l'on possède une oreille parfaite, il est préférable d'utiliser un accordeur électronique. Il est important de faire le test de la case 12. Si votre guitare est accordée à vide elle doit l'être également en case 12, à l'octave supérieur. Si tel n'est pas le cas, alors il y a un défaut sur le manche, le diapason ou la touche.

Le temps des récompenses :

Nous voilà arrivés au bout du chemin. Je n'ai pas parlé du vernissage car je n'y connais pas grand-chose en la matière. J'ai utilisé du vernis V33 que j'ai appliqué au pinceau. Le résultat est moyen mais ce n'est pas une catastrophe.

Les récompenses, c'est de contempler ma guitare chaque matin en me levant. Elle a trouvé sa place dans notre salon et elle est intégrée à notre quotidien. Mon épouse qui aime bien que les choses soient rangées, a eu la bienveillance de l'accepter de manière permanente.

Les récompenses, c'est de recevoir des compliments de mes amis musiciens, de ma famille, de mes enfants, de mes médecins, de la personne qui m'a vendu le bois.

Les récompenses c'est de jouer avec une guitare que l'on a fabriquée soi – même en constatant qu'elle « tient l'accord. » Je l'ai comparée à mes autres guitares et elle tient bien sa place au niveau du design, du son, de la puissance et du timbre. Ce que j'aime le plus en elle, ce sont les éclisses en noyer, le dos en merisier du plus bel effet, les mécaniques vert émeraude, la tête de manche que j'ai moi - même dessinée avec son placage en SIPOS, bois de côte d'ivoire au beau grain.

En revanche, l'instrument présente quelques défauts
- Irrégularités légères au niveau des filets
- Défaut de collage du chevalet sans conséquence grave.
- Axe de symétrie du fond en décalage avec la ligne de collage des planches.
- Rosace collée alors que les pros procèdent à une incrustation.
- Léger défaut de planéité de la touche.
- Finition moyenne.

La récompense ultime c'est d'avoir pu jouer avec sur scène en novembre dernier, à un moment où la situation sanitaire était plus calme.

Je suis déjà habité par une seule envie : fabriquer une autre guitare !

Je souhaite à mes lecteurs autant de plaisir que j'ai pu en avoir dans cette formidable aventure.

Jean Claude TARBY Janvier 2022

Baptême du feu pour ma nouvelle guitare lors d'un concert à BUSY, aux côtés d'un harmoniciste avec la chanson de DYLAN : « Dans le souffle du vent…. »

Bibliographie :

Les tables des guitares classiques et leurs barrages
Daniel FRIEDRICH

Le bouvet : Guitares de la lutherie à l'ébénisterie
Des techniques à s'approprier

La fabrication des guitares classiques Roy COURTNAL Editions VIAL

Paroles et guitares de luthiers Emmanuel BICHELLI